Paratowyd gan
Huw Lloyd

Dyluniwyd gan Jessica Kennard

Argraffiad cyntaf Rhagfyr 1995

© Awdurdod Cwricwlwm ac Asesu Cymru 1995

Mae hawlfraint ar y deunyddiau hyn ac ni ellir eu hatgynhyrchu heb ganiatâd perchennog yr hawlfraint.

Cydnabyddiaeth

Diolchir i'r canlynol am ganiatâd i dynnu lluniau yn eu hysgolion:

Ysgol Uwchradd Cyfarthfa

Ysgol Gyfun Rhydfelen

Diolch i'r canlynol am eu cyfraniad tuag at ddelwedd gyfoes Stiwdio 9:

Tony Stone Images, Albany Productions

Diolch yn arbennig i'r canlynol am eu parodrwydd i gydweithio:

Cwmni Recordio ANKST, Cwmni Recordio Sain

Dyluniwyd gan
Jessica Kennard

Ffotograffiaeth gan
Mark Johnson, Mostyn Davies
Gwyn Williams, Keith Morris

Arlunwaith gan
Stephen Daniels, Jon Williams

Teipiwyd gan
Caroline Redman

Tâp sain gan
Richard Jones

Cyhoeddwyd gan
Uned Iaith Genedlaethol Cymru CBAC
245 Rhodfa'r Gorllewin, Caerdydd CF5 2YX

Argraffwyd gan
J D Lewis a'i Feibion
Gwasg Gomer
Llandysul
Dyfed SA44 4BQ

ISBN 1 86085 101 0

cynnwys

Cyflwyniad	4
Yr Ysgoliadur	5

Gweithdy 1 - Dyma fy marn i — 9

Rhaglen 1	Y teledu a ffilmiau	11
Rhaglen 2	Bechgyn a merched	17
Rhaglen 3	Rheolau'r ysgol	21
Rhaglen 4	Personoliaeth	27
Rhaglen 5	Problemau	31

Gweithdy 2 - Y penwythnos mawr! — 37

Rhaglen 1	Y penwythnos diwethaf	39
Rhaglen 2	Y penwythnos nesaf	45
Rhaglen 3	Dim dewis	49
Rhaglen 4	Swydd ar y Sadwrn	55
Rhaglen 5	Clecs	59

Am wybod mwy? — 65

cyflwyniad

Beth yw Stiwdio Naw?

Pecyn cynhwysfawr o adnoddau dysgu ar gyfer disgyblion blwyddyn 9 a ddechreuodd ddysgu'r Gymraeg yn ll oed. Mae'n cynnwys 2 lyfr a 2 ffeil o gardiau gwaith.

Beth yw'r nod yn Stiwdio Naw?

Y nod yw adeiladu ar y patrymau a'r eirfa a gyflwynwyd yn Stiwdio 7 ac 8. Dewiswyd themâu a fydd yn galluogi'r myfyrwyr i ddefnyddio iaith sy'n gyfarwydd iddynt cyn symud ymlaen i ddysgu defnyddio iaith newydd.

Y nod felly yw adolygu ac ymestyn?

Ie, mae adran ym mhob rhaglen sy'n nodi'r hyn y dylid ei adolygu cyn dechrau ar y patrymau newydd. Golyga hyn y bydd y myfyrwyr yn medru siarad rhywfaint am y themâu cyn dechrau, a'r gamp wedyn fydd datblygu ac ymestyn eu hiaith.

Oes nodwedd arall?

Oes, ceir *Ysgoliadur* lle anogir y disgyblion i ddefnyddio'r Gymraeg o amgylch yr ysgol. Dyma ddatblygiad naturiol felly o'r *Dosbarthiadur*, i'r *Grwpiadur*, ac yna i'r *Ysgoliadur*.

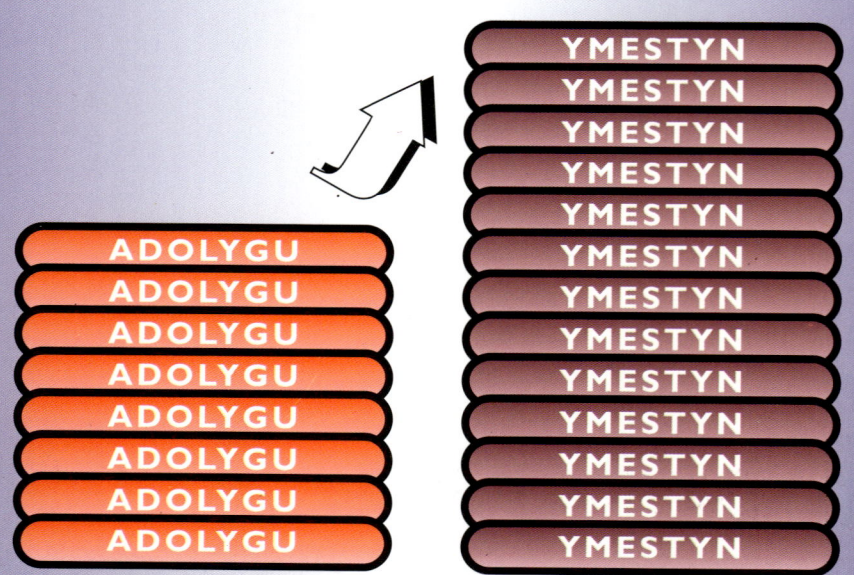

Yr Ysgoliadur

Yr Ysgoliadur

Mae'n hwyl ceisio defnyddio'r Gymraeg y tu allan i'r ystafell Gymraeg. Isod, dangosir rhai sefyllfaoedd lle mae hyn yn bosibl.

It's fun to try and use Welsh outside the Welsh classroom. Below, a number of situations are shown where this is possible.

Cyfarch athrawon	***Greeting teachers***
Bore da, sut mae?	*Good morning, how are you?*
Prynhawn da, gawsoch chi ginio da?	*Good afternoon, did you have a nice lunch?*
Hwyl, wela i chi yfory	*So long, see you tomorrow*

Siarad â ffrindiau	***Speaking with friends***
Pa wers sydd nesaf?	*Which lesson is next?*
Wyt ti wedi gwneud y gwaith cartref?	*Have you done the homework?*
Wela i di yn y clwb ieuenctid heno	*I'll see you in the youth club tonight*

Ystafell Athrawon	***Staffroom***
Ga i siarad â Mr Jones, os gwelwch yn dda?	*Could I speak to Mr Jones please?*
Cei	*Yes*
Na chei	*No*
Ydy Mrs Williams yna?	*Is Mrs Williams there?*
Ydy	*Yes (she is)*
Nac ydy	*No (she's not)*
Allwch chi ddweud wrth Mr Davies bod ..... ?	*Can you tell Mr Davies that ... ?*
Pwy sy'n ein harolygu ni nawr?	*Who's supervising us now?*

Benthyg oddi wrth athrawon eraill	***Borrowing from other teachers***
Mae Mrs Davies yn gofyn am fenthyg y fideo	*Mrs Davies is asking if she may borrow the video*
Gawn ni fenthyg recordydd casét?	*Can we borrow the cassette recorder?*
Cewch	*Yes (you can)*
Na chewch	*No (you can't)*
Mae Mr Roberts yn gofyn oes papur A4 gyda chi	*Mr Roberts is asking if you have A4 paper*
Oes	*Yes (I have)*
Nac oes	*No (I have not)*

Amser cinio — Lunch time

Beth rwyt ti'n mynd i gael?	What are you going to have?
Mae'r pizza'n edrych yn neis	The pizza looks nice
Hei, ydy'r sglodion yn flasus?	Hey, are the chips tasty?
Mae'r pei yma'n ofnadwy	This pie is terrible
Ga i fenthyg arian?	Can I borrow some money?
Faint wyt ti eisiau?	How much do you want?
Ble eisteddwn ni?	Where shall we sit?
Yma	Here
Ar fwrdd Claire ?	On Claire's table?
Iawn	O.K.
Mae bwrdd gwag fan acw	There is an empty table over there

Amser egwyl — Break time

Pa wersi gest ti'r bore 'ma?	Which lessons did you have this morning?
Pa wers sy nesaf?	Which lesson is next?
Ydy Mr Jones yn yr ysgol?	Is Mr Jones in school?
Ydy	Yes (he is)
Nac ydy	No (he's not)

Yr amser — The Time

Faint o'r gloch ydy hi?	What's the time?
Deuddeg o'r gloch	Twelve o'clock
Faint o'r gloch mae'r wers yn gorffen?	What time does the lesson finish?
Chwarter wedi dau	Quarter past two
Pryd mae'r ymarfer pêl-droed?	When is the football practice?
Un o'r gloch	One o'clock
Faint o'r gloch mae'r ymarfer côr?	What time is the choir practice?
Hanner awr wedi dau	Half past two

Siarad am neithiwr — Talking about last night

Beth wnest ti neithiwr?	What did you do last night?
Gwnes i fy ngwaith cartref	I did my homework
Welaist ti *Top of the Pops*?	Did you see Top of The Pops?
Do	Yes (I did)
Naddo	No (I did not)
Est ti i'r clwb ieuenctid?	Did you go to the youth club?
Beth oedd y sgôr yn y gêm neithiwr?	What was the score in the game last night?
Enillon ni	We won
Collon ni	We lost

8

Gweithdy 1

Dyma Fy Mharn i!

adnoddau'r Stiwdio

Ar gyfer myfyrwyr a ddechreuodd ddysgu'r Gymraeg ym Mlwyddyn Saith

Am fwy o wybodaeth cysylltwch ag:
Uned Iaith Genedlaethol Cymru CBAC, 245 Rhodfa'r Gorllewin,
Caerdydd CF5 2YX
Ffôn (01222) 265007

rhaglen 1

Adolygu

Cyn dechrau, trïwch gofio
- Yr amser
- Gofyn pryd mae rhaglenni ar y teledu
- Ansoddeiriau
- Disgrifio rhaglenni teledu

Yn y rhaglen hon byddwch chi'n trafod:

Teledu a Ffilmiau

Beth wyt ti'n feddwl o …?	What do you think of …?
Dw i'n meddwl ei bod hi'n rhaglen	I think it's a … programme
ddoniol iawn	very funny
realistig iawn	very realistic
wael iawn	very poor
arbennig iawn	very special
ddiflas iawn	very boring
Pam?	Why?
Oherwydd	Because
bod y cymeriadau'n ddiddorol	the characters are interesting
bod y plot yn dda	the plot is good
bod y gerddoriaeth agoriadol yn dda	the opening music is good

Home and Away
- ➤ Beth wyt ti'n feddwl o *Home and Away*?
- ➤ Dw i'n meddwl ei bod hi'n rhaglen dda iawn.
- ➤ Pam?
- ➤ Oherwydd bod y cymeriadau'n ddiddorol, a bod y plot yn dda. O ie, mae'r gerddoriaeth agoriadol yn dda hefyd.

CARDIAU 1
TASGAU 1

    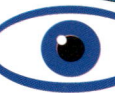

Sut mae rhaglenni Sky yn cymharu â rhaglenni BBC ac ITV?	How do the programmes on Sky compare with the programmes on BBC and ITV?
Maen nhw'n well yn gyffredinol	They are generally better
Maen nhw'n llai diflas	They are less boring
Mae rhaglenni chwaraeon y BBC yn well	The sports programmes on BBC are better
Mae rhaglenni cerddoriaeth y BBC yn waeth	The music programmes on BBC are worse
Pa sianel yw'r sianel orau ar Sky?	Which channel is the best on Sky?
MTV yw'r gorau	MTV is the best
Sky Sports yw'r gorau	Sky Sports is the best

 **2**

SKY
- Oes Sky gyda ti?
- Oes.
- Sut mae'r rhaglenni ar Sky yn cymharu â BBC?
- Maen nhw'n well yn gyffredinol. Mae llawer iawn o sianeli ond MTV yw'r orau.

CARDIAU 1 TASGAU 2 →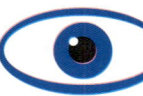

Wyt ti wedi gweld hysbyseb …?	Have you seen the … advert?
Nac ydw, disgrifia hi	No, describe it
Ydw, dw i wedi gweld yr hysbyseb	Yes, I have seen the advert
Beth sy'n cael ei hysbysebu?	What's being advertised?
Diodydd ysgafn	Soft drinks
Yswiriant	Insurance
Car newydd	A new car
Gwyliau tramor	Foreign holidays
Byrbrydau	Snacks
Ydy hi'n hysbyseb dda?	Is it a good advert?
Ydy	Yes (it is)
Nac ydy	No (it's not)

3

Tango

- Wyt ti wedi gweld yr hysbyseb *Tango* newydd?
- Nac ydw, disgrifia hi.
- Mae dyn yn gwisgo dillad oren yn ymosod ar bobl sy'n yfed *Tango* - mae'n ddoniol iawn.
- Beth am yr hysbyseb coffi newydd yna?
- Pa hysbyseb? Beth yw enw'r coffi?
- Dw i ddim yn cofio.
- Hysbyseb wael!

CARDIAU 1 TASGAU 3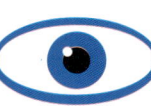

Pa ffilm welaist ti ddiwethaf?	Which film did you see last?
Gwelais i …	I saw …
Oedd hi'n dda?	Was it good?
Oedd	Yes (it was)
Nac oedd	No (it was not)
Disgrifia hi	Describe it
Pa ffilm faset ti'n hoffi weld?	Which film would you like to see?
Baswn i'n hoffi gweld ...	I'd like to see …
Taswn i'n cael cyfle, baswn i'n hoffi gweld …	If I had the chance, I'd like to see …

4

Interview with the Vampire

- Pa ffilm welaist ti ddiwethaf?
- Gwelais i *Interview with the Vampire*.
- Oedd hi'n dda?
- Oedd, roedd y ffilmio a'r plot yn wych, ac roedd llawer o waed yn y ffilm.
- Ti'n gwybod, taswn i'n cael y cyfle baswn i'n hoffi gweld *Judge Dredd*. Mae'r ffilm i fod yn wych.

CARDIAU 1 TASGAU 4

eich project

Teledu a ffilmiau

Mae dwy ran i'r project

RHAN I

- **Defnyddiwch eich camera fideo**

- **Yn eich grŵp siaradwch am eich hoff raglenni teledu**

- **Cofiwch siarad am**

    1 raglenni o'r gorffennol
    2 raglenni o'r presennol
    3 raglenni ar Sky
    4 raglenni ar S4C
    5 raglenni ar 'cable'

- **Cofiwch baratoi cyn siarad ar y fideo**

- **Cofiwch ddrafftio ac ailddrafftio eich sgriptiau**

- **Oes adnoddau golygu yn yr ysgol?**

- **Beth am ddefnyddio'r peiriannau golygu i wella'r fideo?**

eich project

Teledu a ffilmiau

RHAN II

- Mae'n anodd iawn dewis ffilmiau yn y siop fideo

- Weithiau dych chi'n dewis fideos gwael a weithiau dych chi'n dewis fideos da

- Ail ran y project fydd gwneud llyfryn yn adolygu'r fideos dych chi wedi eu gweld

- Mae rhaid i chi

  1. ddisgrifio'r fideo
  2. siarad am yr actorion
  3. roi eich barn ar y fideo
  4. roi marc allan o 10 i'r fideo

Cofiwch ddanfon y project at Stwff y Stiwdio ac enillwch fag o Stwff y Stiwdio i'ch grŵp chi

Fideo ....
y da ....
....
....

y drwg ....
....
....

Darllenwch hwn cyn gwastraffu eich arian yn y siop fideo.

rhaglen 2

Adolygu

Cyn dechrau, trïwch gofio
- Ansoddeiriau
- Cymharu ansoddeiriau
  - yn fwy na …
  - yn llai na …
  - yn well na …
  - yn waeth na …
- Y pethau dych chi'n wneud o gwmpas y tŷ

Yn y rhaglen hon byddwch chi'n trafod:

Bechgyn a Merched

Sut mae bechgyn yn cymharu â merched?	How do boys compare with girls?
Faint o wahaniaeth sydd rhwng bechgyn a merched?	How much of a difference is there between boys and girls?

Mae bechgyn yn llai galluog na merched	Boys are less intelligent than girls
Mae bechgyn yn fwy cryf na merched	Boys are stronger than girls
Mae merched yn fwy aeddfed na bechgyn	Girls are more mature than boys
Mae bechgyn yn fwy plentynnaidd na merched	Boys are more childish than girls
Does dim gwahaniaeth rhwng bechgyn a merched	There's no difference between boys and girls
Mae unigolion yn bwysicach na pha ryw ydych chi	Individuals are more important than gender
Mae rhai bechgyn yn fwy galluog na rhai merched	Some boys are more intelligent than some girls
Mae rhai merched yn llai aeddfed na rhai bechgyn	Some girls are less mature than some boys

5 Dim gwahaniaeth

▶ Mae bechgyn yn llai galluog na merched - maen nhw'n dwp!
▶ Ca dy geg, does dim gwahaniaeth. Does dim gwahaniaeth - mae rhai bechgyn yn fwy galluog na rhai merched, ac mae rhai merched yn fwy galluog na rhai bechgyn.

CARDIAU 2 TASGAU 1

Wyt ti'n ffrindiau gyda bachgen?	Are you friends with a boy?
Wyt ti'n ffrindiau gyda merch?	Are you friends with a girl?
Ydw, does dim problem	Yes, there's no problem
Nac ydw, achos bydd eraill yn gwneud hwyl am fy mhen	No, because others will make fun of me
Nac ydw, dw i ddim yn dod ymlaen gyda nhw	No, I don't get on with them

6 Ffrindiau

▶ Wyt ti'n mynd allan gyda Lisa?
▶ Nac ydw, dw i'n ffrindiau gyda hi. Does dim problem.
▶ Dw i ddim yn hoffi bod yn ffrindiau gyda merched achos bod bechgyn eraill yn gwneud hwyl am fy mhen.
▶ Paid â bod yn stiwpid, wnei di!

CARDIAU 2 TASGAU 2

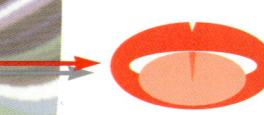   

Ydy bechgyn a merched yn hoffi gwahanol bynciau ysgol?	Do boys and girls like different school subjects?
Mae merched fel arfer yn hoffi …	Girls usually like …
Ydyn/Nac ydyn	Yes (they do)/No (they do not)
Mae bechgyn fel arfer yn hoffi…	Boys usually like …
Ydy bechgyn a merched yn dda mewn gwahanol bynciau?	Are boys and girls good at different subjects?
Ydyn/Nac ydyn	Yes (they are)/No (they are not)
Mae bechgyn fel arfer yn dda mewn …	Boys are usually good in …
Mae merched fel arfer yn dda mewn …	Girls are usually good in …

Cemeg

➤ Ti'n gwybod, mae'n od iawn. Mae'r merched yn ein dosbarth ni yn hoffi Saesneg a Ffrangeg, ac mae'r bechgyn yn hoffi Cemeg a Mathemateg.

➤ Dw i ddim yn cytuno. Mae rhai merched yn hoffi Mathemateg, ac mae rhai bechgyn yn hoffi Saesneg.

CARDIAU 2 TASGAU 3

 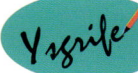  

Pa waith wyt ti'n gorfod wneud o amgylch y tŷ?	What work do you have to do around the house?
Dw i'n gorfod glanhau	I have to clean up
Dw i'n gorfod tacluso'r ystafell wely	I have to tidy the bedroom
Wyt ti'n meddwl bod rhaid i fechgyn wneud llai na merched?	Do you think that boys have to do less than girls?
Pam?	Why?
Mae'r cyfryngau yn annog gwahaniaeth rhwng bechgyn a merched	The media encourage a difference between boys and girls
Mae'r Cymry yn draddodiadol iawn	Welsh people are very traditional

Gwahaniaeth

➤ Dw i'n gorfod glanhau a smwddio a gwarchod fy mrawd bach. Dydy fy mrawd ddim yn gwneud dim.

➤ Dw i'n cydymdeimlo gyda ti. Mae'r Cymry yn draddodiadol iawn, ac yn sicr mae bechgyn yn gwneud llai na merched o gwmpas y tŷ.

CARDIAU 2 TASGAU 4

    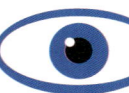

Adolygu

Cyn dechrau, trïwch gofio
- Ansoddeiriau
- Dweud bod rhaid i chi wneud rhywbeth
- Dweud yr hoffech chi newid rhywbeth
- Dweud yr hoffech chi weld mwy neu lai o rhywbeth
- Disgrifio'r wisg ysgol

 rhaglen 3

Yn y rhaglen hon byddwch chi'n trafod:

Rheolau'r Ysgol

Disgrifiwch reolau'r ysgol	Describe the school rules
Mae'n rhaid i ni …	We have to …
Dyn ni'n gorfod …	We must …
cerdded ar y chwith	walk on the left
cerdded ar y dde	walk on the right
peidio â rhedeg yn y coridorau	not run in the corridors
gwisgo'r wisg ysgol	wear the school uniform
tynnu ein cotiau yn y gwersi	take off our coats in the lessons
aros yn yr iard amser egwyl	stay in the yard during break time
aros yn y neuadd pan mae hi'n bwrw	stay in the hall when it's raining
ymddwyn yn gywir	behave correctly

 9

Rheolau, rheolau
➤ Ti'n gwybod, dw i'n casáu rheolau'r ysgol. Mae rhaid i ni gerdded ar y chwith, peidio â rhedeg yn y coridorau, gwisgo'r wisg stiwpid yma, ymddwyn yn gywir trwy'r amser.
➤ Dw i'n cytuno, mae'n blentynnaidd.

CARDIAU 3
TASGAU 1

 PEIDIWCH!!!

Beth rwyt ti'n feddwl o reolau'r ysgol?	What do you think of the school rules?
Maen nhw'n iawn ar y cyfan	They're OK on the whole
Mae un neu ddwy yn annheg	One or two are unfair
Maen nhw'n blentynnaidd	They're childish
Maen nhw'n ein trin ni fel plant	They treat us like children
Mae'n amhosibl eu cadw	They're impossible to keep
Dw i'n casáu'r rheol am …	I hate the rule about …

Y rheolau

- Dw i'n casáu rheolau'r ysgol.
- Wel, mae un neu ddwy yn annheg ond maen nhw'n iawn ar y cyfan.
- Wel, efallai, ond dw i'n casáu'r rheol am gerdded ar y chwith, mae'n amhosibl ei chadw.
- Cytuno.

CARDIAU 3 TASGAU 2

Mae angen rheolau ysgol	There is a need for school rules
Does dim angen rheolau ysgol	There is no need for school rules
Oes	Yes
Neu bydd yr ysgol yn ddi-drefn	Or the school will be a shambles
Neu bydd pawb yn cweryla	Or everyone will be arguing
Neu fydd neb yn dysgu	Or no one will learn
Nac oes	No
Basai'r ysgol yn well heb reolau	The school would be better without rules
Basai'r athrawon a'r plant yn dod ymlaen yn well	The children and teachers would get on better
Basai pawb yn ymddwyn heb reolau	Everyone would behave without rules

RHEOLAU!!!

11 Dim Angen

➤ Dw i ddim yn credu bod angen rheolau ysgol. Dw i'n meddwl basai'r athrawon a'r plant yn dod ymlaen yn well heb reolau.
➤ Cytuno, a basai pawb yn ymddwyn heb reolau.

CARDIAU 3 TASGAU 3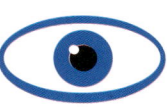

Pa reolau faset ti'n hoffi eu newid?	Which rules would you like to change?
Baswn i'n hoffi eu newid nhw i gyd	I'd like to change them all
Yn arbennig ...	Especially ...
Baswn i'n hoffi newid yr un sy'n dweud ...	I'd like to change the one that says ...
Sut?	How?
Trwy ...	By ...
Dylen ni	We should

12 Newid

➤ Faset ti'n hoffi newid rheolau'r ysgol?
➤ Baswn.
➤ Pa reolau faset ti'n newid?
➤ Baswn i'n newid yr un sy'n dweud bod rhaid i ni gerdded ar y chwith.
➤ Sut?
➤ Baswn i'n dweud y dylen ni gerdded ar y chwith yn yr ysgol isaf, ond does dim angen y rheol yn yr ysgol uchaf.

CARDIAU 3 TASGAU 4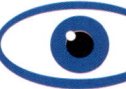

NEWIDIWCH Y RHEOLAU NAWR*!!!*

eich project

Rheolau'r ysgol

Eto, mae dwy ran i'r project

RHAN I

- **Defnyddiwch eich camera fideo**

- **Mae rhaid i chi drafod rheolau'r ysgol**

- **Cofiwch**
    1. **ddisgrifio'r rheolau**
    2. **ddweud sut basech chi'n hoffi newid y rheolau**

- **Cofiwch baratoi a drafftio ac ailddrafftio eich sgriptiau**

- **Oes adnoddau golygu yn yr ysgol?**

- **Defnyddiwch nhw**

eich project

Rheolau'r ysgol

RHAN 2

- **Gwnewch boster mawr yn dangos rheolau'r ysgol**

- **Cofiwch gynllunio'r poster**

- **Cofiwch ddefnyddio lluniau neu graffiau i esbonio rheolau**

Rheolau'r Ysgol

1. Dim rhedeg yn y coridor
2. Dim siarad yn y gwasanaeth
3. Mae rhaid gwisgo'r wisg ysgol
4. Mae rhaid dod â nodyn ar ôl bod yn absennol

Cofiwch ddanfon y project at Stwff y Stiwdio ac enillwch fag o Stwff y Stiwdio i'ch grŵp chi

rhaglen 4

Adolygu

Cyn dechrau, trïwch gofio
- Ansoddeiriau yn disgrifio personoliaeth
- Sut i gymharu ansoddeiriau
- Misoedd y flwyddyn
- Rhifolion

Yn y rhaglen hon byddwch chi'n trafod:

Personoliaeth

Sut berson wyt ti?	What type of person are you?
Dw i'n berson ...	I'm a ... person
tawel	quiet
siaradus	talkative
swil	shy
hyderus	confident
gweithgar	hardworking
diog	lazy
oriog	moody
hapus	happy
trist	sad
cwerylgar	quarrelsome
Fel arfer dw i'n ... ond weithiau dw i'n ...	Usually I'm ... but sometimes I'm ...

 **13**

Diog ac oriog
➤ Sut berson wyt ti?
➤ Fel arfer dw i'n weithgar, ond yn anffodus dw i'n oriog hefyd, ac felly weithiau dw i'n ddiog iawn.

BYDDWCH YN HAPUS

 CARDIAU 4 TASGAU 1

Beth yw dy nodweddion gorau a gwaethaf?	What are your best and worst traits?
Dw i'n hoffi meddwl fy mod i'n …	I like to think that I'm …
Yn anffodus, dw i'n gwybod fy mod i'n … hefyd	Unfortunately I know that I'm also …
Fy nodwedd orau yw fy mod i'n …	My best trait is that I'm …
Fy nodwedd waethaf yw fy mod i'n …	My worst trait is that I'm …

 **14**

Hapus

➤ Beth faset ti'n dweud yw dy nodweddion gorau a gwaethaf?
➤ Fy nodwedd orau yw fy mod i'n hyderus iawn. Dw i'n hoffi dweud fy marn.
➤ A'r nodwedd waethaf?
➤ Yn anffodus, dw i'n ddiog iawn. Mae athrawon wastad yn dweud, 'Mwy o waith a llai o siarad Sally!'

CARDIAU 4 TASGAU 2 →

Sut baset ti'n hoffi dy newid dy hun?	How would you like to change yourself?
Beth faset ti'n newid am dy hun?	What would you change about yourself?
Baswn i'n hoffi bod yn fwy …	I'd like to be more …
Baswn i'n hoffi bod yn llai …	I'd like to be less …
Baswn i'n hoffi cael mwy o …	I'd like to have more …
Baswn i'n hoffi cael llai o …	I'd like to have less …

 **15**

Cyfle

➤ Taset ti'n gallu, sut baset ti'n dy newid dy hun?
➤ Baswn i'n hoffi bod yn fwy gweithgar ac yn llai siaradus. Beth amdanat ti?
➤ Baswn i'n hoffi cael mwy o arian.
➤ O, ca dy geg - c'mon, yn iawn.
➤ O.K., baswn i'n hoffi bod yn llai oriog.
➤ Cytuno!

ADDUNEDAU / RESOLUTIONS

1. Siarad llai
2. Gweithio mwy
3. Helpu yn y tŷ
4. Gwneud mwy o waith cartref
5. Helpu yn yr ardd

CARDIAU 4 TASGAU 3 →

Pa arwydd sêr wyt ti?
Beth yw prif nodweddion…?

Which star sign are you?
What are the main features of …?

Y Dyfrwr
21 Ionawr-19 Chwefror

Y Pysgod
20 Chwefror-20 Mawrth

Yr Hwrdd
21 Mawrth-20 Ebrill

Y Tarw
21 Ebrill-20 Mai

Yr Efeilliaid
21 Mai-21 Mehefin

Y Cranc
22 Mehefin-23 Gorffennaf

Y Llew
24 Gorffennaf-23 Awst

Y Forwyn
24 Awst-23 Medi

Y Fantol
24 Medi-23 Hydref

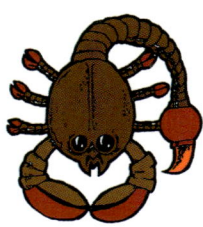
Y Sarff
24 Hydref-22 Tachwedd

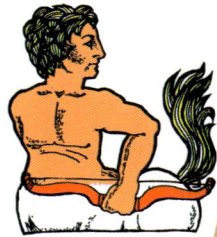
Y Saethydd
23 Tachwedd-21 Rhagfyr

Yr Afr
22 Rhagfyr-20 Ionawr

creadigol   amyneddgar   hyderus
trefnus   cartrefol   anturus   gwyllt
traddodiadol   diog

16 **Arwydd**
- Pa arwydd sêr wyt ti?
- Libra - Y Fantol.
- Dw i'n gwybod …
- Sut?
- Ti'n ddiog, a dwyt ti ddim yn gallu gwneud penderfyniad.
- Diolch yn fawr!

CARDIAU 4
TASGAU 4

 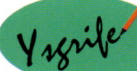   

rhaglen 5

Adolygu

Cyn dechrau, trïwch gofio
- Sut i ddweud eich bod yn poeni am bethau
- Sut i siarad am eich teulu
- Ansoddeiriau
- Pynciau'r ysgol
- Ansoddeiriau yn disgrifio

Yn y rhaglen hon byddwch chi'n trafod:

Problemau

Wyt ti'n cytuno â chymryd cyffuriau?	Do you agree with taking drugs?
Ydw/Nac ydw	Yes/No
Mae'n anghywir, ac mae'n beryglus	It's wrong, and its dangerous
Mae'n peryglu iechyd	It's dangerous for your health
Mae'n distrywio bywydau	It wrecks lives
Mae i fyny i'r unigolyn	It's up to the individual
Dw i ddim yn cymryd cyffuriau	I don't take drugs
Ond 'sdim ots gen i os ydy pobl eraill yn gwneud	But I don't mind if others do

 **17**

Cyffuriau
- Welaist ti Lisa yn y disgo nos Sadwrn?
- Do, roedd hi off ei phen, roedd hi wedi cymryd cyffuriau cyn y disgo.
- Mae hi'n stiwpid.
- Cytuno. Mae'n beryglus iawn hefyd.

Cyffuriau? Na!!!

 **CARDIAU 5 TASGAU 1**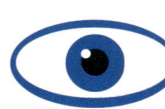

Wyt ti'n cael problemau gartref?	Do you get problems at home?
Ydw/Nac ydw	Yes/ No
Dw i'n cweryla gyda fy rhieni	I argue with my parents
Dw i ddim yn dod ymlaen gyda fy chwaer	I don't get on with my sister
Mae fy mrawd yn mynd ar fy nerfau	My brother gets on my nerves
Pam?	Why?
Achos maen nhw'n afresymol	Because they're unreasonable
Achos mae hi'n styfnig	Because she's stubborn
Achos mae e'n ben bach	Because he's a big head
Achos mae e wastad yn cael ei ffordd ei hun	Because he always gets his own way

18

Problem fawr
➤ Dw i'n casáu mynd adref ar ôl yr ysgol.
➤ Pam?
➤ Dw i'n cweryla gyda fy rhieni trwy'r amser.
➤ Pam?
➤ Achos maen nhw'n afresymol.

CARDIAU 5 TASGAU 2

 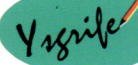   

Wyt ti'n cweryla gyda ffrindiau weithiau?	Do you quarrel with friends sometimes
Ydw	Yes
Pam?	Why?
Fel arfer dros ddim byd	Usually over nothing
Os oes rhywun yn gwneud hwyl am fy mhen i	If someone's making fun of me
Nac ydw	No
Dw i ddim yn berson sy'n cweryla	I'm not the quarrelling type
Dw i ddim yn hoffi cweryla	I don't like quarrelling
Dw i ddim yn cweryla, ond dw i'n pwdu	I don't quarrel, but I pout
Disgrifia dy gweryl diwethaf	Describe your last quarrel
Ces i gweryl gyda … achos …	I had a quarrel with … because …

CWERYLA ... YMLADD ... CWFFIO

Tracey
➤ Ces i gweryl gyda Tracey yr wythnos diwethaf.
➤ Pam?
➤ Achos mae hi'n mynd ar fy nerfau. Mae hi'n gwneud hwyl am fy mhen i trwy'r amser.

CARDIAU 5 TASGAU 3

Pa bynciau faset ti'n hoffi wneud y flwyddyn nesaf?	Which subjects would you like to do next year?
Baswn i'n hoffi gwneud Hanes	I'd like to do History
Pam?	Why?
Achos mae'n ddiddorol	Because it's interesting
Mae rhaid gwneud Mathemateg, Saesneg Gwyddoniaeth	You have to do Mathematics, English and a Science
Pa bynciau rwyt ti eisiau eu gollwng?	Which subjects do you want to drop?
Dw i eisiau gollwng … achos mae'n ddiflas	I want to drop … because it's boring

Blwyddyn 10
➤ Pa bynciau faset ti'n hoffi wneud ym Mlwyddyn Deg?
➤ Dw i'n credu bod rhaid gwneud Mathemateg, Saesneg a Gwyddoniaeth a wedyn baswn i'n hoffi gwneud Cymraeg, Hanes, Daearyddiaeth a Thechnoleg. Dw i eisiau gollwng Celf yn sicr - mae'n ddiflas iawn.

TGAU ➡ Safon Uwch

CARDIAU 5 TASGAU 4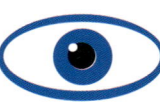

Gweithdy 2

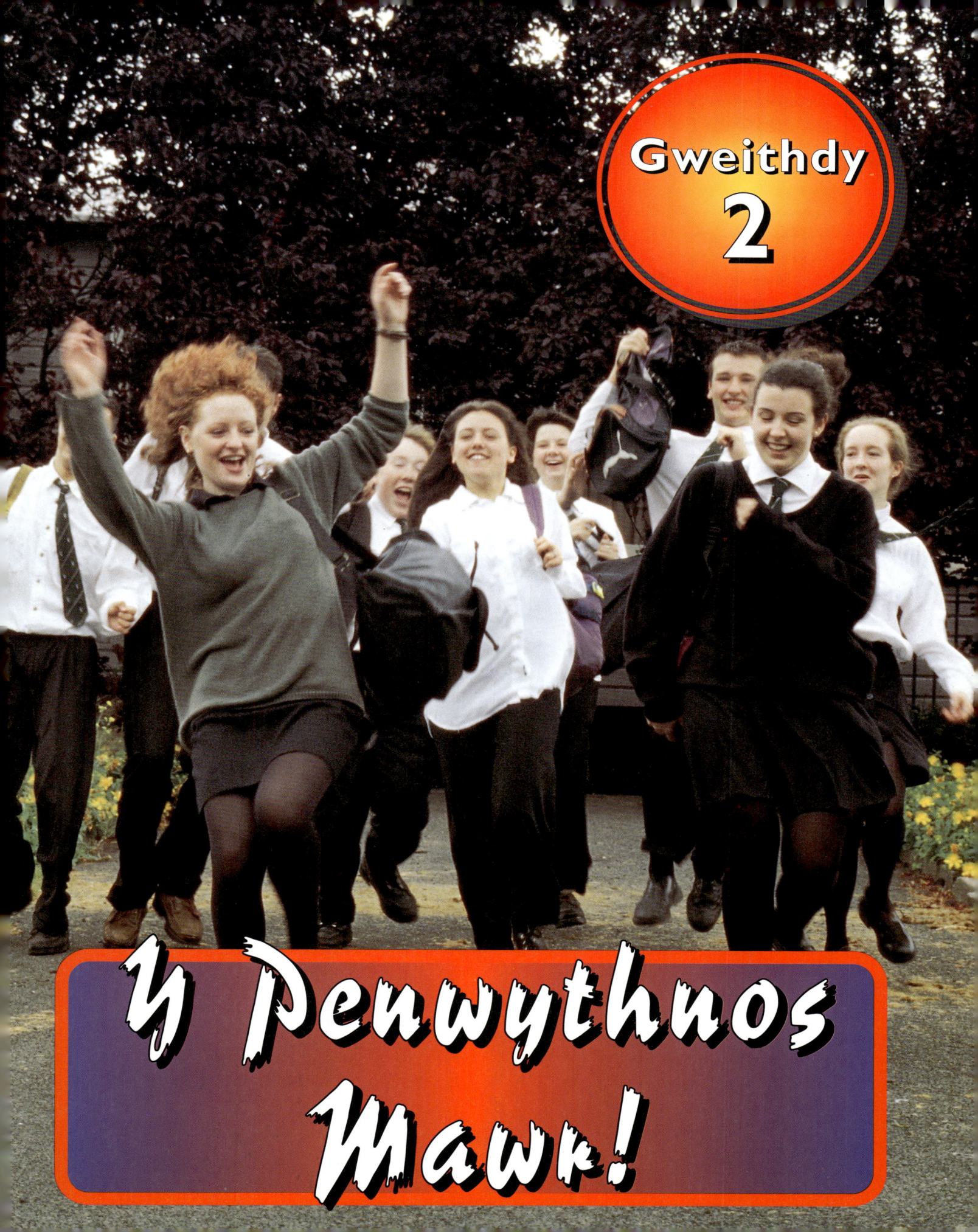

Y Penwythnos Mawr!

Beth ydych chi'n wneud ar y penwythnos?

Cusanu
Meddwi
Chwarae
Ymarfer
Gwaith Cartref
Ymladd
Dawnsio
Prynu
Cweryla
Gwrando
Gwylio

rhaglen 1

Adolygu

Cyn dechrau, trïwch gofio
- Berfau
- Ffurfio'r amser gorffennol
- Ansoddeiriau

Yn y rhaglen hon byddwch chi'n trafod:

Y penwythnos diwethaf

Beth wnest ti dros y penwythnos?	What did you do over the weekend?
Es i allan gyda ffrindiau	I went out with friends
Chwaraeais i rygbi i'r ysgol fore Sadwrn	I played rugby for the school on Saturday morning
Gwyliais i'r ffilm fawr nos Sadwrn	I watched the big film on Saturday night
Gwnes i fy ngwaith cartref fore dydd Sul	I did my homework on Sunday morning
Dawnsiais i yn y disgo yn y clwb ieuenctid	I danced in the disco in the youth club
Torrais i fy ngwallt brynhawn Sadwrn	I cut my hair on Saturday afternoon

chwarae	- to play	torri	- to break/cut
siarad	- to speak	reidio	- to ride
gwylio	- to watch	codi	- to lift
es i	- I went	darllen	- to read
ces i	- I had	tacluso	- to tidy
des i	- I came	golchi	- to wash
gwnes i	- I made/did	siopa	- to shop
galw	- to call		

21

Beth?
➤ Beth wnest ti dros y penwythnos Karl?
➤ Chwaraeais i rygbi i'r ysgol fore Sadwrn, chwaraeais i bêl-droed i'r clwb ieuenctid brynhawn Sadwrn, a bore Sul nofiais i i'r clwb nofio.
➤ Waw, Mr Ffit!

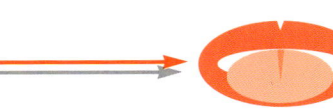

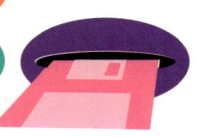

CARDIAU 6
TASGAU 1

Beth roeddet ti'n wneud nos Wener?	What were you doing on Friday night?
Roeddwn i'n gwneud gwaith cartref	I was doing homework
Roeddwn i'n tacluso fy ystafell wely	I was tidying my bedroom
Ble roeddet ti fore Sadwrn?	Where were you on Saturday morning?
Roeddwn i yn y tŷ	I was in the house
Roeddwn i yn y dre	I was in town
Roeddwn i yn y ganolfan chwaraeon	I was in the sports centre

22 Bore Sadwrn
- Ble roeddet ti fore Sadwrn?
- Roeddwn i yn y tŷ. Pam?
- Roeddwn i'n aros amdanat ti yn y ganolfan hamdden.
- Beth?
- Ffoniais i ti nos Wener, ac fe drefnon ni i chwarae snwcer fore Sadwrn.

CARDIAU 6 TASGAU 2

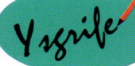

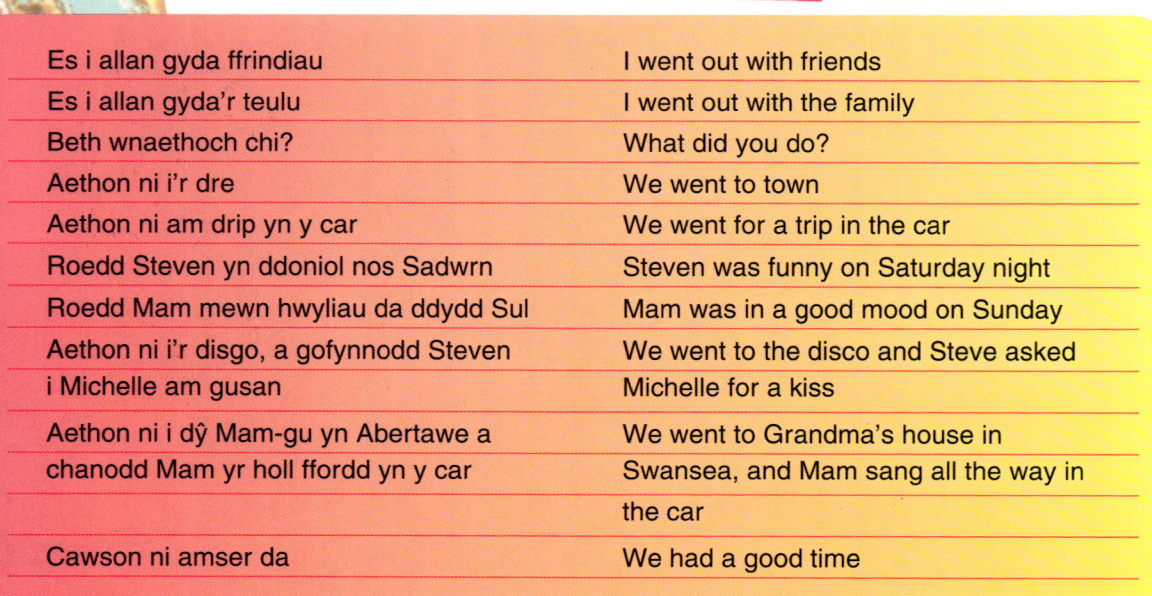

Es i allan gyda ffrindiau	I went out with friends
Es i allan gyda'r teulu	I went out with the family
Beth wnaethoch chi?	What did you do?
Aethon ni i'r dre	We went to town
Aethon ni am drip yn y car	We went for a trip in the car
Roedd Steven yn ddoniol nos Sadwrn	Steven was funny on Saturday night
Roedd Mam mewn hwyliau da ddydd Sul	Mam was in a good mood on Sunday
Aethon ni i'r disgo, a gofynnodd Steven i Michelle am gusan	We went to the disco and Steve asked Michelle for a kiss
Aethon ni i dŷ Mam-gu yn Abertawe a chanodd Mam yr holl ffordd yn y car	We went to Grandma's house in Swansea, and Mam sang all the way in the car
Cawson ni amser da	We had a good time

23 Y Disgo
- Cawson ni amser da yn y disgo nos Sadwrn.
- Pam?
- Roedd Gary mewn hwyliau da. Aeth e allan gyda Tracy, ac yna Wendy, ac ar ddiwedd y noson roedd e'n cusanu Paula.

CARDIAU 6 TASGAU 3

Fwynheuaist ti nos Sadwrn?	Did you enjoy yourself on Saturday night
Do	Yes (I did)
Naddo	No (I did not)
Roedd e'n wych	It was great
Roedd hi'n noson ffantastig	It was a fantastic night
Roedd hi'n noson ofnadwy	It was a terrible night
Fwynheuais i mo'r disgo	I didn't enjoy the disco
Fwynheuais i mo'r gêm	I did not enjoy the game
Fwynheuais i mo'r clwb ieuenctid nos Wener	I didn't enjoy the youth club on Friday night

24 **Y Disgo**
- Fwynheuaist ti yn y disgo nos Sadwrn?
- Naddo, roedd e'n ddiflas. Beth amdanat ti?
- Mwynheuais i'n fawr iawn.
- O, dw i'n cofio nawr, est ti allan gyda Kevin.
- Dw i mewn cariad!

Dw i'n caru Kevin

CARDIAU 6 TASGAU 4

eich project

Y Penwythnos diwethaf

Mae dwy ran i'r project

RHAN I

- **Defnyddiwch eich camera fideo**

- **Yn eich grŵp siaradwch am y pethau dych chi wedi wneud yn ystod y penwythnosau diwethaf**

- **Cofiwch baratoi cyn siarad ar y fideo**

- **Trïwch wneud yn siwr bod**

    1 pawb yn y grŵp yn siarad am weithgaredd gwahanol

    2 y fideo yn cael ei olygu

eich project

Y Penwythnos diwethaf

RHAN II

- Mae rhaid i chi ysgrifennu pamffled yn dangos y gwahanol bethau sydd i'w gwneud yn eich tref chi ar y penwythnos

- Beth am ddefnyddio camera i dynnu llun o'r gweithgareddau posibl?

- Cofiwch

    1. ddisgrifio'r gweithgareddau
    2. ddweud ble maen nhw
    3. ddweud faint maen nhw'n gostio
    4. rhoi marc allan o 10 i'r gweithgareddau

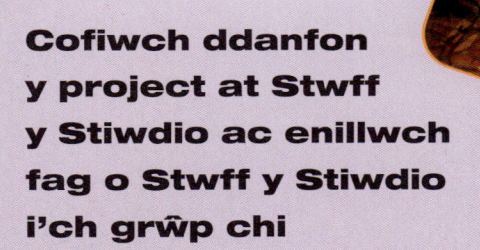

Cofiwch ddanfon y project at Stwff y Stiwdio ac enillwch fag o Stwff y Stiwdio i'ch grŵp chi

Cawson ni amser da dros y penwythnos

rhaglen 2

Adolygu

Cyn dechrau, trïwch gofio
- Ffurfio'r dyfodol
- Ffurfio'r negyddol
- Ansoddeiriau

Yn y rhaglen hon byddwch chi'n trafod:

Y Penwythnos nesaf

Beth fyddi di'n wneud y penwythnos nesaf?	What will you be doing next weekend?
Bydda i'n mynd i'r dre	I'll be going to town
Bydda i'n gwneud fy ngwaith cartref	I'll be doing my homework
Fyddi di'n chwarae pêl-droed?	Will you be playing football?
Bydda	Yes (I will be)
Na fydda	No (I will not be)
Fydd e'n mynd?	Will he be going?
Bydd	Yes (he will)
Na fydd	No (he won't)

25

Y disgo
- Hei Siân, fyddi di'n mynd i'r disgo nos Sadwrn nesa?
- Na fydda, bydda i'n gwarchod fy mrawd bach.
- O dere 'mlaen, mae pawb yn mynd.
- Fel pwy?
- Fi, Sian, Lowri, Kevin a Gareth
- Gareth! Dw i'n caru Gareth. Bydda i'n siarad â Mam heno.

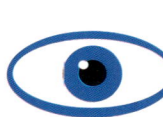

CARDIAU 7 TASGAU 1

Fydda i ddim yn chwarae dros yr ysgol	I won't be playing for the school
Fydda i ddim yn mynd i'r dre	I won't be going to town
Fydda i ddim yn y tîm	I won't be in the team
Fydd e ddim yn mynd	He won't be going
Fydd hi ddim yn mynd	She won't be going

26 Y Disgo

➤ Fydda i ddim yn mynd i'r disgo nos Sadwrn nesaf.
➤ Pam?
➤ O, mae rhaid i mi fynd i dŷ Mam-gu.
➤ O paid â phoeni, bydda i'n mynd gyda Sarah.
➤ Fydd hi ddim yn mynd chwaith. Mae rhaid iddi hi warchod ei chwaer!

CARDIAU 7 TASGAU 2

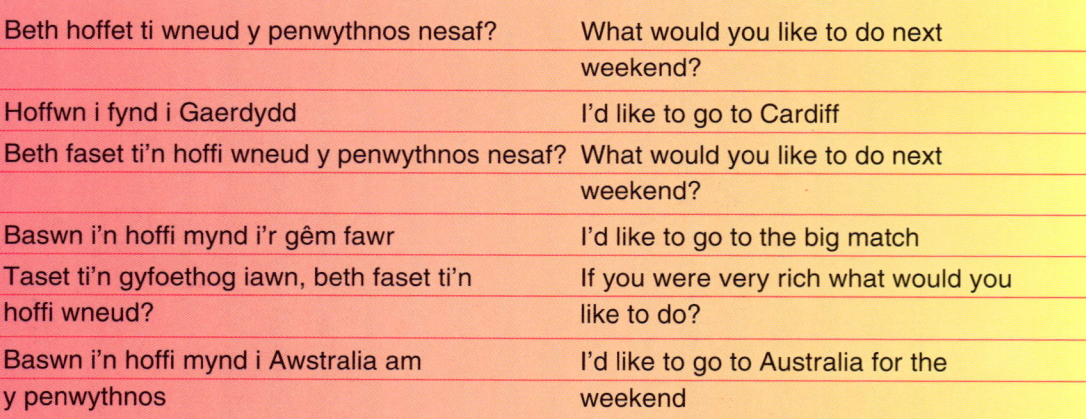

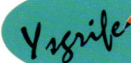

Beth hoffet ti wneud y penwythnos nesaf?	What would you like to do next weekend?
Hoffwn i fynd i Gaerdydd	I'd like to go to Cardiff
Beth faset ti'n hoffi wneud y penwythnos nesaf?	What would you like to do next weekend?
Baswn i'n hoffi mynd i'r gêm fawr	I'd like to go to the big match
Taset ti'n gyfoethog iawn, beth faset ti'n hoffi wneud?	If you were very rich what would you like to do?
Baswn i'n hoffi mynd i Awstralia am y penwythnos	I'd like to go to Australia for the weekend

27 Penwythnos delfrydol

➤ Taset ti'n gyfoethog, beth faset ti'n wneud ar y penwythnos delfrydol?
➤ Baswn i'n mynd yn syth o'r ysgol i faes awyr Heathrow, hedfan yn Corcorde i America, gwylio gêm bêl-droed Americanaidd ac yna hedfan yn ôl.

CARDIAU 7 TASGAU 3

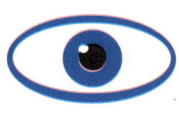

Fydd hi'n bosibl i mi fynd i dŷ Clare nos Wener?	Will it be possible to go to Claire's house Friday night?
Bydd	Yes (it will)
Na fydd	No (it won't)
Ga i fynd allan Nos Sadwrn?	Can I go out Saturday night?
Cei	Yes (you can)
Na chei	No (you can't)

28

Bore Sul
- Mam, bore Sul, ga i fynd allan i dŷ Susan?
- Pwy arall sy'n mynd?
- Sally a Lisa.
- Cei, ond mae rhaid i ti fod yn ôl am ginio erbyn un o'r gloch.
- Diolch, Mam.

Susan

Sally

Gadewch i ni siarad am fechgyn.

Lisa

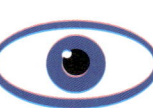

CARDIAU 7 TASGAU 4

Taswn i'n ennill y loteri baswn i'n prynu teulu newydd!

rhaglen 3

Dim Dewis

Yn y rhaglen hon byddwch chi'n trafod y pethau mae rhaid i chi wneud dros y penwythnos

Adolygu

Cyn dechrau, trïwch gofio
- Berfau
- Y pethau mae rhaid i chi wneud o gwmpas y tŷ
- Ansoddeiriau

Dw i'n gwybod	I know
Dw i'n credu	I believe
Dw i'n meddwl	I think
Dylwn i dacluso fy stafell ddydd Sadwrn	I should tidy my bedroom on Saturday
Ddylet ti fynd i weld Mam-gu dydd Sul?	Should you go to see Grandma on Sunday?
Dylwn	Yes (I should)
Na ddylwn	No (I should not)

29

Adolygu
- Dylwn i adolygu dros y penwythnos, achos mae arholiadau gyda fi yr wythnos nesaf.
- Paid â phoeni.
- Na, dylwn i wneud y gwaith, achos baswn i'n hoffi mynd i Ddosbarth Chwech y flwyddyn nesaf.

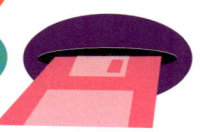

Dylwn i ...

CARDIAU 8 TASGAU 1

Mae rhaid i fi fynd i siopa brynhawn dydd Sadwrn	I must go shopping on Saturday afternoon
Oes rhaid i fi?	Do I have to?
Oes	Yes (you do)
Nac oes	No (you don't)
Does dim dewis gyda ti	You have no choice
Mae e i fyny i ti	It's up to you

Mam-gu

30
- Helen, ddydd Sadwrn mae rhaid i ti fynd i weld Mam-gu.
- Oes rhaid i fi fynd?
- Wel, mae e i fyny i ti, ond hoffwn i i ti fynd.

CARDIAU 8 TASGAU 2

Dw i eisiau i ti fynd	I want you to go
Dw i eisiau mynd	I want to go
Dw i'n gofyn i ti fynd	I'm asking you to go
Hoffwn i i ti fynd	I'd like you to go
Hoffech chi i mi fynd?	Would you like me to go?
Dw i'n disgwyl i ti fynd	I expect you to go
Dw i'n disgwyl i ti fod yna erbyn saith	I expect you to be there by seven

Y Siop

31
- Karl.
- Ie, Dad.
- Mae rhaid i ti fynd i'r siop nawr. Mae rhaid i ni gael bara a llaeth.
- Dw i'n gwylio'r pêl-droed.
- Karl, dw i'n gofyn i ti fynd, os gweli di'n dda.
- O Dad, mae Lerpwl … un dim…
- Karl, dw i'n disgwyl i ti fynd nawr, wyt ti'n clywed?
- Ydw, Dad.

CARDIAU 8 TASGAU 3

Wnei di dacluso'r ystafell wely?	Will you tidy the bedroom?
Wnei di olchi'r llestri heno?	Will you wash the dishes tonight?
Wnei di fynd i'r siop?	Will you go to the shop?
Wnei di fynd i nôl dy frawd?	Will you go to fetch your brother?
Wnei di goginio heno?	Will you cook tonight?
Gwna	Yes (I will)
Na wna	No (I won't)

32

Brawd bach

➤ Lisa, wnei di fynd i nôl dy frawd? Mae te'n barod.
➤ Gwna. Ble mae e?
➤ Yn nhŷ John, ac ar y ffordd wnei di brynu peint o laeth yn y siop?
➤ Gwna. Unrhyw beth arall Mam?
➤ Wnei di olchi'r llestri heno? Mae rhaid i fi fynd allan.
➤ Gwna.

CARDIAU 8 TASGAU 4

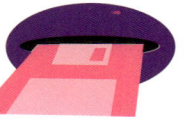

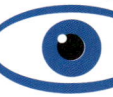

Wnei di wneud fy ngwaith cartref Hanes a Mathemateg?

eich project

Dim Dewis

Mae dwy ran i'r project

RHAN I

- Mae rhaid i'r grŵp wneud ymchwil i ffeindio pa fath o bethau mae rhaid i bobl ifanc wneud o amgylch y tŷ

- Ar ôl ffeindio'r wybodaeth, mae rhaid i'r grŵp ddangos y wybodaeth ar ffurf graff mawr

- Mae rhaid gwneud un graff cyffredinol, ac un graff yn dangos y gwahaniaeth rhwng bechgyn a merched

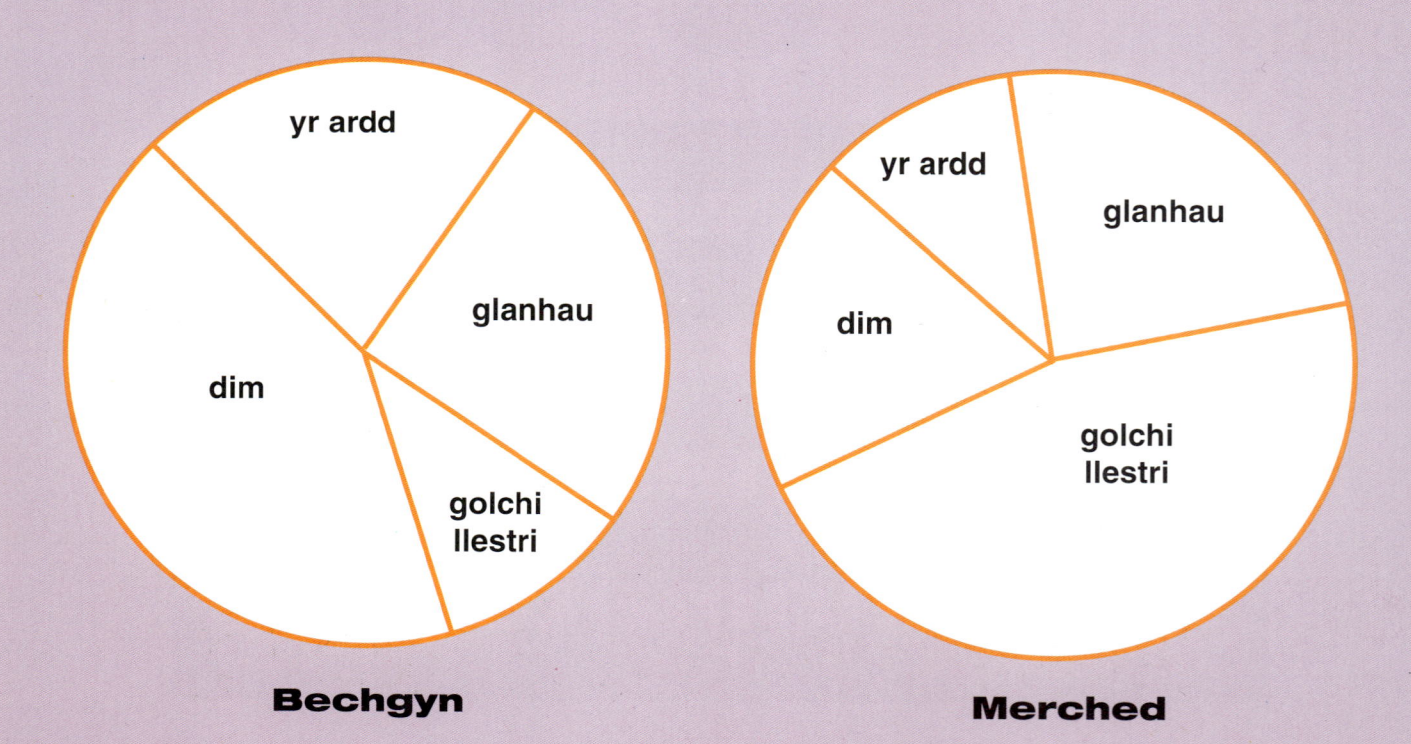

Bechgyn

Merched

eich project

Dim Dewis

RHAN II

- Mae rhaid i chi siarad am y wybodaeth dych chi wedi gasglu

- Mae rhaid i chi ddefnyddio camera fideo

- Cofiwch baratoi cyn siarad o flaen y camera

- Trïwch olygu'r fideo hefyd

Cofiwch ddanfon y project at Stwff y Stiwdio ac enillwch fag o Stwff y Stiwdio i'ch grŵp chi

Dylwn i wneud gwaith cartref, ond dw i eisiau cyrraedd lefel dau ddeg!

rhaglen 4

Yn y rhaglen hon byddwch chi'n trafod y math o swyddi mae pobl ifanc yn wneud ar y penwythnos

Swydd ar y Sadwrn

Adolygu

Cyn dechrau, trïwch gofio
- Siarad am swyddi
- Arian
- Cymharu ansoddeiriau

Oes swydd gyda ti ar ddydd Sadwrn?	Have you got a Saturday job?
Oes/Nac oes	Yes/No
Mae swydd gyda fi yn …	I've got a job in …
Does dim swyddi i'w cael yn yr ardal	There are no jobs in the area
Beth wyt ti'n wneud?	What do you do?
Dw i'n gweithio ar y 'til'	I work on the till
Dw i'n helpu cwsmeriaid yn y siop	I help customers in the shop
Dw i'n helpu ar y lorri	I help on the lorry
Taset ti'n gallu cael swydd, ble hoffet ti weithio?	If you could get a job, where would you like to work?

33

Dim swydd
- Hoffwn i gael swydd ar y Sadwrn, ond does dim swyddi i'w cael yn yr ardal.
- Taset ti'n gallu cael swydd, ble hoffet ti weithio?
- Hoffwn i weithio yn 'Sportsflair', achos dw i'n hoffi chwaraeon a dw i wrth fy modd yn siarad â pobl.

CARDIAU 9 TASGAU 1

HOFFWN I WEITHIO YN SIOP 'RIVER ISLAND'

55

Faint o arian wyt ti'n ennill?	How much money do you earn?
Dw i'n ennill tair punt yr awr	I earn three pounds an hour
Beth rwyt ti'n feddwl am y cyflog	What to do you think about the salary?
Mae'n iawn	It's OK
Mae'n rhy fach	It's too small
Mae'n warthus	It's terrible
Taset ti'n gweithio ar ddydd Sadwrn, faint o arian hoffet ti ennill?	If you worked on Saturdays, how much money would you like to earn?
Yn rhesymol, baswn i'n hoffi ennill o leiaf ddwy bunt yr awr	Reasonably, I'd like to earn at least two pounds an hour

(34) Arian mawr!
➤ Faint o arian rwyt ti'n ennill yn y ganolfan arddio?
➤ Dwy bunt yr awr.
➤ Mae hynny'n warthus. Does dim swydd gyda fi ar hyn o bryd, ond baswn i'n disgwyl ennill o leiaf bedair punt yr awr.

CARDIAU 9 TASGAU 2

Wyt ti'n meddwl bod gweithio ar y Sadwrn yn syniad da?	Do you think that working on Saturdays is a good idea?
Ydw	Yes
Mae'n eich dysgu chi am arian	It teaches you about money
Mae'n eich helpu chi i dyfu lan	It helps you to grow up
Mae'n dysgu disgyblaeth i chi	It teaches you discipline
Mae'n rhoi annibyniaeth i chi	It gives you independence
Nac ydw	No
Mae'n amharu ar eich addysg	It disrupts your education
Mae'r arian yn rhy fach fel arfer	The money's too little usually
Mae'n ddiflas	It's boring

Arian **V** *Bywyd diflas*
Disgyblaeth   *Arian ofnadwy*
Annibyniaeth *Amharu ar addysg*

35 Fy marn

- Dw i'n dwli ar weithio bore Sadwrn. Mae'n ddiddorol, ac mae'n fy helpu i i dyfu lan.
- Ca dy geg - dim ond gwneud y te wyt ti, a dim ond dwy bunt yr awr rwyt ti'n gael. Mae'n warthus. Mae'n well gyda fi wneud fy ngwaith cartref ar y penwythnos.

CARDIAU 9 TASGAU 3

Faint o bobl ifanc sy'n gweithio ar y Sadwrn?	How many young people work on Saturdays?
llawer	a lot
dim llawer	not a lot
dim cymaint ag yn y gorffennol	not as many as in the past
mwy nag yn y gorffennol	more than in the past
Ble maen nhw'n gweithio?	Where do they work?
Mae llawer yn gweithio ...	A lot work ...
mewn siopau	in shops
mewn tai bwyta	in restaurants
ar faniau	on vans
mewn garej	in a garage
mewn tafarnau	in pubs

36 Dim cymaint nawr

- Faint o bobl ifanc sy'n gweithio ar y Sadwrn yn dy ddosbarth di?
- O, dim llawer, dim cymaint ag yn y gorffennol.
- Pam?
- Does dim swyddi i'w cael yn yr ardal nawr.

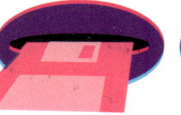

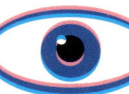

CARDIAU 9 TASGAU 4

Mae'r tâl yma'n warthus!

rhaglen 5

Adolygu

Cyn dechrau, trïwch gofio
- Berfau
- Ffurfio'r gorffennol

Yn y rhaglen hon byddwch chi'n trafod clecs y penwythnos

Clecs

Glywaist ti am …dros y penwythnos?	Did you hear about … on the weekend?
Do/Naddo	Yes/No
Pam, beth ddigwyddodd?	Why, what happened?
Pam, beth wnaeth e/hi?	Why, what did he/she do?
Aeth e allan gyda Karla	He went out with Karla
Cafodd e ffeit gyda Mark	He had a fight with Mark
Sgoriodd e chwe gôl	He scored six goals
Enillodd hi wobr	She won a prize
Gorffennodd hi gyda Jamie	She finished with Jamie

37

Cariad cyntaf
➤ Glywaist ti am Lisa dros y penwythnos?
➤ Naddo, pam?
➤ Aeth hi allan gyda Gavin yn y disgo.
➤ Mae hi'n caru Gavin nawr!
➤ Beth?
➤ Ffoniodd hi fe nos Sul a bore 'ma cyn dod i'r ysgol.

Glywaist ti beth wnaeth Carl dros y penwythnos?

Naddo, dwedwch wrtho i nawr!

CARDIAU 10 TASGAU 1

Glywaist ti beth ddwedodd Lisa nos Sadwrn?	Did you hear what Lisa said on Saturday night?
Naddo, beth?	No, what?
Dwedodd hi ei bod hi'n casáu Tracey	She said that she hates Tracey
Dwedodd e ei fod e eisiau ffeit gyda Neil	He said that he wanted a fight with Neil
Dwedodd e ei fod e'n mynd i chwarae rygbi nawr	He said that he was going to play rugby now
Dwedodd hi ei bod hi eisiau mynd allan gyda Alan	She said that she wanted to go out with Alan

38

Beth?

➤ Glywaist ti beth ddwedodd Terry ar ôl y gêm dydd Sadwrn?
➤ Naddo, beth?
➤ Dwedodd e ei fod e eisiau chwarae pêl-droed ar ddydd Sadwrn nawr. Dwedodd e fod chware rygbi i'r ysgol yn ddiflas
➤ Ddwedodd e hyn wrth Mr Ffransis?
➤ Naddo, dwedodd e ei fod e'n mynd i ddweud wrth Mr Ffransis yr wythnos nesaf!

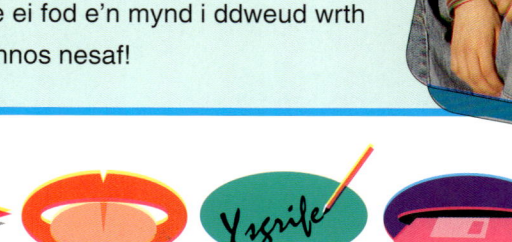

CARDIAU 10 TASGAU 2

Wyt ti wedi clywed y diweddaraf?	Have you heard the lastest?
Mae Mr Jones yr athro Hanes yn priodi Miss Williams yr athrawes Gymraeg	Mr Jones the History teacher is marrying Miss Williams the Welsh teacher
Mae'r ysgol yn dechrau am wyth y flwyddyn nesaf	The school starts at eight next year
Mae *Take That* yn gorffen	*Take That* are finishing
Mae'r prawf Saesneg yfory	The English test is tomorrow
Mae Mrs Jenkins yn gadael	Mrs Jenkins is leaving
Mae hanner dydd gyda ni ar ddiwedd y tymor	We've got a half day at the end of term

39 **Dechrau cynnar**
- Wyt ti wedi clywed y diweddaraf?
- Beth?
- Mae'r prifathro yn newid amser yr ysgol. Y flwyddyn nesaf bydd yr ysgol yn dechrau am wyth o'r gloch yn y bore, ac yn gorffen am dri yn y prynhawn.
- Grêt, dw i'n hoffi codi'n gynnar.

CARDIAU 10 TASGAU 3

Mae newyddion gyda fi iti	I've got news for you
Beth?	What?
Rwyt ti wedi pasio'r prawf Mathemateg	You have passed the Maths test
Rwyt ti yn y tîm pêl-droed	You're in the football team
Rwyt ti'n gorfod mynd i weld Mr Williams amser cino	You have to go to see Mr Williams dinner time
Rwyt ti'n darllen yn y gwasanaeth yfory!	You're reading in assembly tomorrow!
Rwyt ti'n gorfod rhoi'r gwaith cartre Hanes i mewn amser cinio	You have to hand in the History homework dinner time

40 **Da a drwg**
- Mae newyddion gyda fi i ti, newyddion da, a newyddion drwg
- Newyddion da yn gyntaf.
- Rwyt ti yn y tim rygbi.
- Grêt, a beth yw'r newyddion drwg?
- Rwyt ti'n darllen yn y gwasanaeth yfory!

Newyddion Da V Newyddion Drwg

CARDIAU 10 TASGAU 4

eich project

Clecs

Mae dwy ran i'r project

RHAN I

- Casglwch glecs yr ysgol

- Ysgrifennwch bamffled yn cynnwys y clecs

- Dewiswch deitl da

Sŵn Drwg   *A Glywsoch chi?*
Clustiau

- Defnyddiwch gamera i dynnu lluniau

- Cofiwch ddrafftio ac ailddrafftio'r pamffled

eich project

Clecs

RHAN II

- **Defnyddiwch gamera fideo**

- **Gwnewch hysbyseb**

- **Cofiwch baratoi cyn siarad o flaen y camera**

- **Cofiwch olygu'r fideo**

Cofiwch ddanfon y project at Stwff y Stiwdio ac enillwch fag o Stwff y Stiwdio i'ch grŵp chi

Glywaist ti am Sarah a Karl dros y penwythnos?

AM WYBOD MWY?

65

AM WYBOD MWY?

1 Me, Myself, I

fy hunan	myself
dy hunan	yourself
ei hunan	himself
ei hunan	herself
ei hunan	itself
ein hunain	ourselves
eich hunain	yourselves
eu hunain	themselves

2 Time it!

o hyd	always
yn aml	often
weithiau	sometimes
anaml	rarely
byth	never
yn achlysurol	occasionally
nawr ac yn y man	now and again
fel arfer	usually
unwaith	once
dwywaith	twice
tairgwaith	three times

3 Describe it

iawn	very	Mae e'n fachgen talentog iawn
eitha	quite	Mae e'n eithaf da
rhy	too	Mae'r gadair yn rhy drwm i symud
gweddol	fairly	Mae'r plant yn weddol dawel
digon	enough	Dydy e ddim yn ddigon da
braidd yn	a little	Mae e braidd yn araf i chwarae ar yr asgell

4 Should I?

Dylwn i	I should/ought
Dylet ti	You should/ought
Dylai e	He should/ought
Dylai hi	She should/ought
Dylen ni	We should/ought
Dylech chi	You should/ought
Dylen nhw	They should/ought

Negative	**Question**	**Answering**
Ddylwn i ddim	Ddylwn i?	Dylwn - Yes I should
		Na ddylwn - No I should not

AM WYBOD MWY?

5 Whose is this?

fy	my
dy	your
ei	his
ei	her
ein	our
eich	your
eu	their

6 Question it!

Beth?	What (before a verb)?
Pa?	What/which (before a noun)?
Pwy?	Who?
Ble?	Where?
Sut?	How?
Sut?	What kind of?
Pam?	Why?
Pryd?	When?
Faint?	How many? + o + plural noun?
Sawl?	How many + singular noun?

7 Are you past it?

Codais i	I got up
Gwelais i	I saw
Edrychais i	I looked
Cysgais i	I slept
Es i	I went
Gwnes i	I did
Gorffennais i	I finished
Mwynheuais i	I enjoyed
Gadewais i	I left
Chodais i ddim	I didn't get up
Welais i ddim	I didn't see
Edrychais i ddim	I didn't see
Chysgais i ddim	I didn't sleep
Es i ddim	I didn't go
Wnes i ddim	I didn't do
Orffennais i ddim	I didn't finish
Fwynheuais i ddim	I didn't enjoy
Adewais i ddim	I didn't leave

AM WYBOD MWY?

8 Not perfect

Roeddwn i	I was
Roeddet ti	You were
Roedd e	He was
Roedd hi	She was
Roedden ni	We were
Roeddech chi	You were
Roedden nhw	They were
Doeddwn i ddim	I wasn't
Doeddet ti ddim	You were not
Doedd e ddim	He wasn't
Doedd hi ddim	She wasn't
Doedden ni ddim	We were not
Doeddech chi ddim	You were not
Doedden nhw ddim	They were not
Oeddwn i?	Was I?
Oeddet ti?	Were you?
Oedd e?	Was he?
Oedd hi?	Was she?
Oedden ni?	Were we?
Oeddech chi?	Were you?
Oedden nhw?	Were they?

9 Compare them

yn well na	better than
yn waeth na	worse than
yn fwy na	bigger than
yn llai na	less than
yn henach na	older than
yn ifancach na	younger than

10 I would, would you?

Baswn i	I would
Baset ti	You would
Basai e	He would
Basai hi	She would
Basen ni	We would
Basech chi	You would
Basen nhw	They would
Faswn i ddim	I wouldn't
Faset ti ddim	You wouldn't
Fasai e ddim	He wouldn't
Fasai hi ddim	She wouldn't
Fasen ni ddim	We wouldn't
Fasech chi ddim	You wouldn't
Fasen nhw ddim	They wouldn't

Llongyfarchiadau!

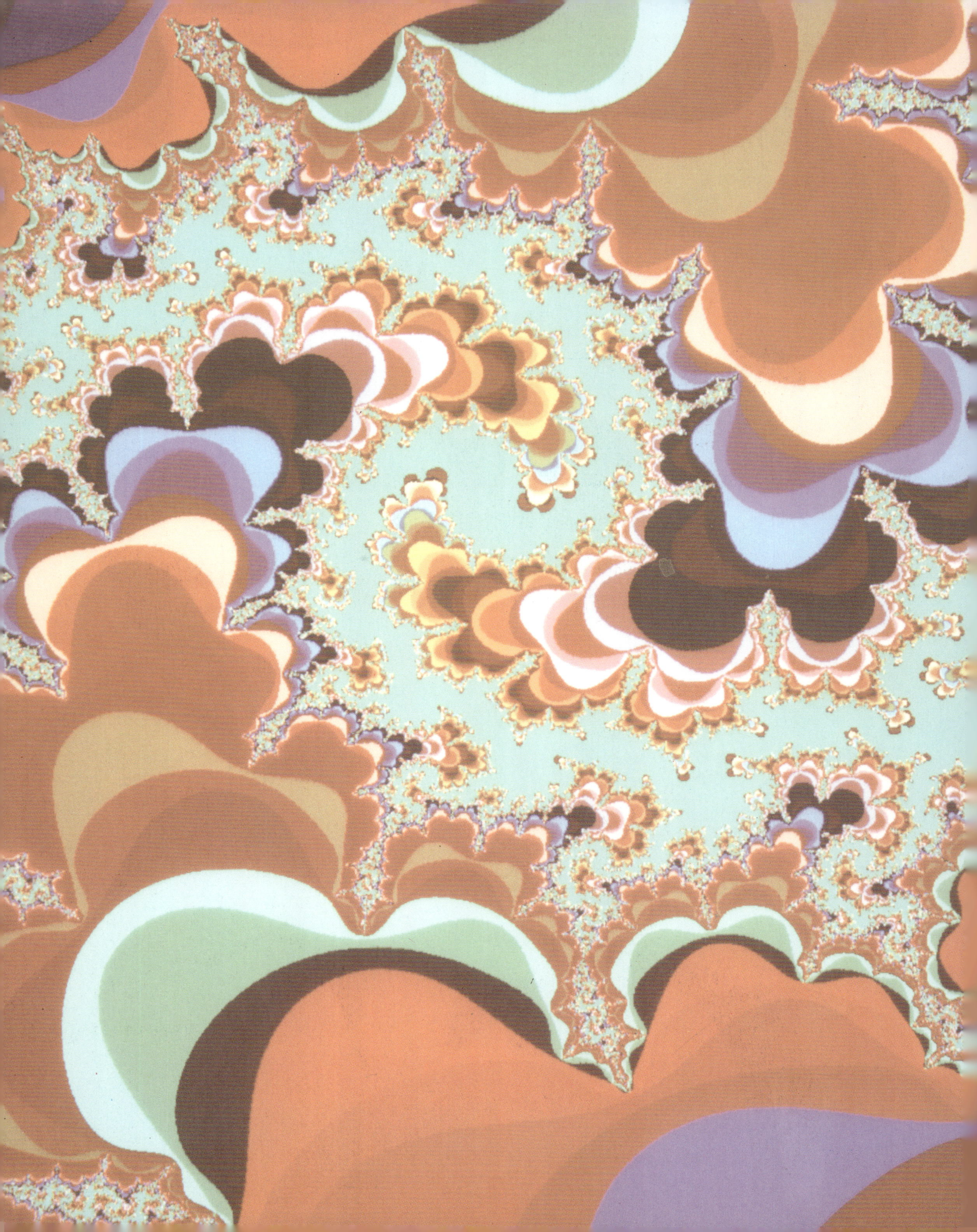

sTIWDio